WEDEL

STADT IM WANDEL

SUTTON
VERLAG

Titelseite der Festschrift zur Heimatwoche 1950, während der die erste namentliche Nennung vor 500 Jahren mit zahlreichen Veranstaltungen gefeiert wurde. Der Roland ist ursprünglich ein Sinnbild des hoheitlichen Schutzes der Marktgerechtigkeit. Den Wedeler Bürgern garantierten dies die Grafen von Schauenburg.

Gunther Gerhardt

Die Reihe Archivbilder

WEDEL

STADT IM WANDEL

SUTTON
VERLAG

Einweihung des Elbe-Stadions an der Schulauer Straße am 30. August 1953. In der Originalunterschrift zu diesem Foto heißt es: „Mit ein wenig ‚Nachhilfe' legt auch schon der jüngste Sportnachwuchs seine Mutproben beim Tunnelturnen ab." (siehe S. 32 und 56)

Titelbild: Menschen am Schulauer Hafen und Willkomm Höft, um 1960. Im Hintergrund ist ein HADAG-Schiff zu sehen.

Sutton Verlag GmbH
Hochheimer Straße 59
99094 Erfurt
www.suttonverlag.de

Copyright © Sutton Verlag, 2012
ISBN: 978-3-86680-982-6
Druck: Books on Demand GmbH, Norderstedt, Deutschland

INHALTSVERZEICHNIS

BILDNACHWEIS

Stadtarchiv Wedel (StA): 2, 4, 11, 12, 13, 15, 17, 22, 23, 28, 29, 30, 33, 34, 38, 40, 43, 44, 45, 46, 47, 51, 52, 53, 54, 55, 56, 57, 58, 62, 63, 64, 66, 68, 69, 72, 74, 76, 77, 78, 79, 81, 83, 84, 94, 95, 98, 99, 102, 103, 106, 107, 108, 110, 112, 113, 117, 120, 122, 125, 126, 127.; G. Maushake (StA): 16, 18, 19, 21, 26, 29, 30, 32, 35, 39, 41, 71, 75, 93, 102, 113, 114; Fotoalbum E. Möller (StA): 9, 11, 12, 14, 15, 18, 48, 49, 74, 79, 86, 96, 101, 104, 105, 111; Wedel-Schulauer Tageblatt: 33, 36, 37, 39, 40, 67, 89, 90, 91, 92, 100; G. Schumacher: 24, 25, 61, 65, 66, 77, 94, 106, 115; A. Grote: 17, 82, 85, 95, 119; Stadtbauamt Wedel: 26, 32, 116, 117, 118, 125; K./R. Buchner: 20, 23, 28, 31, 80. H. Worf: 42, 53, 61, 72; H. Wehlen: 14, 27, 97; Fotoalbum Theodor-Storm-Schule (StA): 45, 55; Stadtwerke Wedel: 25, 27; U. Emmermacher: 86, 87, 88; Stadtmuseum Wedel: 50, 63; H. Petersen: 19, 108; U. Matthiesen: 109, 120; H. Ohlig: 59, 96; H. Behrendt: 60, 107; M. Bieber: 118; W. Arndt: 119; A. Rannegger: 20; D. Napiwotzki: 110; W. Krämer: 21; R. Matthiesen: 22; M. Thiel: 31; T. Bitterling: 34; C. Dürkob: 90; J. Strosahl: 101; Fotos Cityfest 1982 (StA): 92; Fotomappe Kolonie Autal (StA): 70.

Den Bildgebern gilt mein besonderer Dank, zumal sie viele interessante Hintergrundinformationen beitrugen. Darüber hinaus danke ich vor allem der Stadtarchivarin Anke Rannegger, Sabine Weiss (Leiterin des Stadtmuseums), Jörg Frenzel, Oliver Gabriel (WST) und Uwe Pein, ohne deren Mitwirkung das Projekt so nicht machbar gewesen wäre. Dem Sutton Verlag danke ich für die wiederum sehr gute Lektoratsarbeit und Umsetzung dieses Projekts. Robert Ohlig (auf S. 59 als Jugendlicher) hat einige Korrekturen angemerkt, dafür herzlichen Dank.

EINLEITUNG

Wedel, die schöne holsteinische Stadt zwischen Elbe und Geest, kann in diesem Jahr auf genau 800 Jahre nachweisbare Geschichte zurückblicken. Im Jahr 1212 wurde erstmals der Name „Wedel" (wohl von ‚Wadil' = Furt) in einer Urkunde genannt. Ein guter Anlass und eine Ermutigung, zu dem seltenen Jubiläum 2012 ein Buch herauszugeben, in dem historische Dokumente eine wichtige Rolle spielen, insbesondere Fotos, die bisher noch nicht veröffentlicht worden sind. Im Fotoarchiv der Stadt Wedel konnte eine Vielzahl derartiger Aufnahmen entdeckt werden. Außerdem haben mehrere Institutionen und Privatpersonen wertvolles Basismaterial und Informationen beigesteuert.

Mit ihren Eingemeindungen Schulau und Spitzerdorf ist die Stadt ihren Einwohnern und den vielen Touristen vertraut; dennoch werden auf dieser Bilderreise, die sich über mehr als ein Jahrhundert erstreckt, selbst „Alteingesessene" bislang unbekannte Winkel der Stadt entdecken und vielleicht Vergessenes mit neuen Augen sehen.

Mit Ihnen zusammen suche ich in diesem Buch Beispiele für diese Vergangenheit auf. Zu Beginn wird verdeutlicht, wie es in der Stadt früher ausgesehen hat – das Stadtbild hat sich baulich doch grundlegend verändert. Aus der etwas verträumten Landstadt des 19. Jahrhunderts wurde ein bedeutendes, auch industriell geprägtes und modernes Mittelzentrum.

Im zweiten Abschnitt stehen die Menschen im Mittelpunkt, wie auch die „kleinen" Leute in verschiedenen Zeiten lebten, arbeiteten und feierten. Auch hier haben fundamentale Veränderungen stattgefunden.

Bei einem Jubiläum bietet es sich weiterhin an zu zeigen, welche besonderen Ereignisse und Persönlichkeiten in den vergangenen gut 100 Jahren (mit)bestimmend waren und in Erinnerung gerufen werden sollten. Die Zeit der 1950er-/1960er-Jahre ist fotografisch gut dokumentiert. Dies gilt insbesondere für das Jahr 1950, in dessen Bildern die Entwicklung neuen Lebens und der Wiederaufbau nach den Entbehrungen der Kriegs- und Nachkriegszeit greifbar werden.

Einen zentralen Platz nimmt naturgemäß „das Maritime" ein, mit dem ihm eigenen Flair, das der Stadt durch die Nähe zum Wasser, zum Elbstrom, gegeben ist.

Hier gibt es 2012 übrigens ein weiteres Jubiläum: Es gilt, das 60-jährige Bestehen der Schiffsbegrüßungsanlage Willkomm Höft zu feiern. Mit dieser Einrichtung, dem Roland, dem Ochsenmarkt, vielen Vereinen und anderen historischen „Highlights" leben Traditionen fort neben den modernen Wirtschaftsfaktoren, die der Stadt inzwischen ihr Gepräge geben.

Abgerundet wird dieser Bildband mit Momentaufnahmen von oben, durch Luftbilder, die in verschiedenen Jahrzehnten aus Flugzeugen heraus aufgenommen wurden. Sie geben Einblicke, die man selten zu sehen bekommt.

So wird erinnert an das frühere Leben und Treiben in dieser liebenswerten Stadt und eingeladen zum Neu- und Wiederentdecken. Insgesamt kann dieses Buch eine Quelle für Informationen, Erinnerungen, manchmal Nachdenklichkeit sein. Die Kommentare sind eher knapp gehalten, die „Abbildung" soll im Mittelpunkt stehen. Dieser Bildband lädt zu einer „Wedeler Entdeckungsreise" ein und regt den Betrachter dazu an, sich auch mit der eigenen Vergangenheit näher zu beschäftigen.

Wedel, im April 2012
Gunther Gerhardt

Das um 1965 aufgenommene Luftbild von Wedel zeigt u. a. die Hafenstraße – Richtung Norden.

1

DAS GESICHT DER STADT
ÄNDERT SICH

EIN HISTORISCHER STREIFZUG DURCH WEDEL,
SCHULAU UND SPITZERDORF

Eines der ältesten Fotos von Wedel: Mühlenstraße und Rosengarten, angeblich 1874. Links das Haus von Thomas Breckwoldt, daneben Stellmacher Löffelholz; hinter dem linken Mast das Efeuhaus (Jens), rechts neben dem rechten Mast Heinsohns Mühle, ganz rechts der Hof Rosengarten (Godeffroy).

Blick in die Hörnstraße in Alt-Wedel, um 1900.

Wedel um 1905. Am Haus Markt 10 (Mitte) findet sich die Inschrift: „Hermann Hagedorn, Tischler, Besitzer des Hauses 1898–1904".

Brand des Hauses Schulstraße 11, Besitzer war Kunststeinfabrikant Bumke. In der Original-Bildunterschrift heißt es: „21. Juni 1907. Das Wohnhaus (Bild, Giebelpartie zur Schulstraße) und die anschließenden Fabrikationsräume wurden ein Raub der Flammen."

Blick in eine Alt-Wedeler Straße, Mai 1930.

Die Mühlenstraße, von Osten her gesehen, mit Bahnhof und Wirtshaus Rösicke (beide rechts). Die Aufnahme entstand etwa 1910.

Petersens Gasthof

Wedel, am Bahnhof
: Zentrum der Stadt :

Telephon: Amt Blankenese Nr. 61

In 15 Minuten von den Landungsbrücken zu erreichen

Grosser parkartiger Garten

| Angenehmer Aufenthalt vor Abfahrt der Züge | Logis mit Frühstück v. 2.50 Mk. an |
| Warme und kalte Speisen zu jeder Tageszeit | Zimmer m. voller Pension pro Tag v. 3.50 Mk. an |

Elektrisches Licht in allen Räumen

Stallraum für Pferde □ Fuhrwerk im Hause

Anzeige von „Petersens Gasthof" am Bahnhof, um 1900. Das Etablissement war damals schon recht fortschrittlich – mit „Telephon". Hier gab es auch „elektrisches Licht in allen Räumen" und andere Annehmlichkeiten.

Nach Plänen des Stadtbauamtes Wedel wurde im Jahr 1928 die Stocksbrücke neu gebaut. Im Verwaltungsbericht der Stadt heißt es 1929 dazu: „Kosten: 60.074 RM, dazu 5.568 RM für Chaussierung der Austraße, Anrampung und Fußgängerbankett". 1974 wurde die Brücke abgebrochen und durch einen Neubau ersetzt.

(Alt-) Wedels zweite Schule entstand im Jahr 1845. Sie war gleichzeitig das Wohnhaus des Organisten. Nach Aufhebung der Dienstwohnung wurde die Schule 1956 umgebaut; hier war dann die Pestalozzischule (Sonderschule, damals „Hilfsschule") untergebracht. Aufnahme aus den 1940er-Jahren.

Blick in die Schulauer Bekstraße, rechts das 1898 errichtete Feuerwehrgerätehaus der ehemaligen Spitzerdorf-Schulauer Freiwilligen Feuerwehr. Aufnahme vom Frühjahr 1958.

Der noch unbebaute „Galgenberg im Schnee", aufgenommen im März 1930.

Beim Hausbau der Familie Stolze im Tinsdaler Weg 33 stellte sich 1929 der Bautrupp dem Fotografen. Trotz der schwierigen wirtschaftlichen Lage wurde in den 1920er-Jahren eine Reihe privater und öffentlicher Bauvorhaben realisiert.

Vor ihrem Haus – ebenfalls im Tinsdaler Weg – ist die Familie Hans und Bendix Karp zu sehen, Mai 1930.

Der Betriebsleiter des städtischen Elektrizitätswerkes Wedel, Erich Max Hübner (mit weißer Mütze, 1870–1945) stammte aus Sachsen. Er übte sein Amt vom 1. Oktober 1908 bis zum 30. November 1933 aus.

Das städtische Elektrizitätswerk Wedel produzierte anfangs (ab 1908) den Strom in „Eigenerzeugung". Die Aufnahme von 1910 zeigt den Ausbau der Stromleitungen mit den noch oberirdischen Masten.

Wedel in einer Aufnahme von 1939. Links: Austraße 2 – Hof 5; rechts: Austraße 5, das ehemalige Rathaus. Dahinter sind zu sehen das Hofgebäude Austraße 7 und der am 3. März 1943 zerstörte Ochsenmarkthof. Mehrere Gasthäuser säumten den Wedeler Marktplatz.

Das Rathaus in der Austraße war zu klein geworden, deshalb entstand 1936/37 ein Neubau. Das Bild vom 16. November 1936 zeigt während der Grundsteinlegung, wie der Abschlussdeckel für den Schacht der Urkundenkapsel aufgebracht wird. (siehe S. 43 und 76)

Blick um 1935 in die Obere Raffineriestraße (Zuckerfabrik: s. S. 19). Hier verläuft heute die Goethestraße. Zu sehen ist das Lebensmittelgeschäft Fleige (erstes Gebäude links).

1877 wurde in Schulau eine Pulverfabrik errichtet; schon ein Jahr später forderte eine Explosion zehn Menschenleben. 1903 wurde die Produktion eingestellt. Hier einer der letzten Pulverlagerbunker im Hertha-Ladiges-Park zwischen Elbstraße und Tinsdaler Weg. Ende der 1950er-Jahre mussten Park und Bunker einem Großbauvorhaben der Hamburgischen Elektrizitätswerke (HEW) zur Vergrößerung des Kraftwerks Schulau weichen (vgl. S. 123/124).

Eine Zuckerfabrik entstand 1890 in Schulau in der Nähe des Elbufers (heute obere I.-D.-Möller-Str. / Hans-Böckler-Platz). Der Standort war günstig, weil sich in der Nähe eine Verladestelle anbot. Dem Unternehmen, in dem etwa 500 Menschen arbeiteten, war jedoch kein Glück beschieden: 1913 durch einen Großbrand erheblich beschädigt, wurde der Betrieb 1932 eingestellt, die Anlage 1934 großenteils abgebrochen, der Rest 1943 durch Bomben zerstört. Aufnahme von 1930.

Die Werkswohnungen der Zuckerfabrik blieben zunächst erhalten. Das Bild zeigt zwei Gebäude kurz vor ihrem Abbruch im März 1964.

Teilansicht der Deutsche Vacuum-Oil-AG, Werk Wedel (später Mobil Oil AG) vom Kraftwerk Schulau aus, 1958. Die Wedeler Fabrik wurde 1905 als eine der ersten Ölraffinerien in Deutschland errichtet. Hier wurden Schmieröle und -fette sowie Spezialschmierstoffe hergestellt. An der Elbe entstand eine eigene Hafenanlage zur Heranführung der Rohöle und Halbfabrikate. Im Zweiten Weltkrieg arbeiteten hier bis zu 560 Menschen. 1997 wurde die Anlage stillgelegt.

Aufnahme vom Werksgelände der Mobil Oil Wedel, Februar 1999. Wenig später wurden die Gebäude abgerissen. Ab 2012 entsteht hier ein Industriepark.

1941 bis 1943 startete in Wedel ein großes Marinebauvorhaben: Ein U-Boot-Hafen (Tarn-
bezeichnung „Marinesonderanlage Wedel") sollte errichtet werden, das Projekt blieb jedoch
in den Anfängen stecken. Das Bild vom September 1943 – nach dem Bombenangriff vom
März, (s.u.) – zeigt, wie das Gelände zwischen Höbüschentwiete und Bekstraße abgebaggert
wurde. 1953 baute „Adlershorst" hier 250 Wohnungen (vgl. S. 26).

In der Nacht vom 3. zum 4. März 1943 flogen alliierte Bomber einen Angriff auf Wedel.
Rund 70 Prozent der Gebäude wurden in mehreren Bombardements bis Kriegsende zerstört.
Im Bild die ev.-luth. Kirche in (Alt-) Wedel nach dem Luftangriff. Turm und Hauptschiff
brannten völlig aus. Im Vordergrund sind die zerstörten Wirtschafts- und Wohngebäude des
Bauern Berndt Langeloh, Marktplatz, zu sehen.

Bergung von Hausgut in der Straße Voßhagen, März 1943.

Bei einem weiteren Luftangriff der Alliierten am 6. August 1944 wurde u.a. die Ölfabrik (vgl. S. 20) schwer beschädigt.

Nach den Bombenangriffen 1943/44 und durch Zuzug von Flüchtlingen aus dem Osten herrschte extreme Wohnungsnot. An einen Wiederaufbau der zerstörten Gebäude war zunächst nicht zu denken, es wurden Barackenbauten als Notunterkünfte errichtet, in denen das Leben nur sehr eingeschränkt möglich war. 1947 lebten in Wedel über 6.500 Flüchtlinge und Evakuierte. Das Bild (1959) zeigt sogenannte Neufert-Häuser (benannt nach dem Architekten Ernst Neufert) in der Feldstraße.

Vor den Werkswohnungen der ehemaligen Zuckerfabrik am Galgenberg („Zuckerhäuser", vgl. S. 19) wurde nach 1943 ein Wohnlager errichtet, das heute längst abgerissen ist. Foto von 1954.

Wo 1955 das Hochhaus am Hans-Böckler-Platz errichtet wurde (vgl. S. 31), standen seit Ende des Krieges mehrere Baracken. Aufnahme von 1956.

Nach dem Zweiten Weltkrieg wurden auch zahlreiche Kleinsiedlungshäuser gebaut, hier am Galgenberg. Die Aufnahme entstand 1950.

Eines der ersten öffentlichen Bauvorhaben nach dem Zweiten Weltkrieg war die Theodor-Storm-Schule am Rosengarten. „Viele fleißige Hände regen sich am Bau", heißt es im Text zu der Aufnahme vom März 1950.

1950/51 erhielten die Stadtwerke ein neues Verwaltungsgebäude am Rosengarten. An der Grundsteinlegung (5. März 1951) nahmen teil (von links): Heinrich Glismann, Hermann Pikull (Architekt), Ehlers (Erster Buchhalter der Stadtwerke), Bruno Kahl, Carl Ramcke, Friedrich Oldendorf (Leiter Stadtwerke), Heinrich Schacht, Carl Hofmann (Stadtbaumeister, verdeckt). Im Vordergrund: Bürgermeister Heinrich Gau und der Maurerpolier Emil Stoltze.

Die Wohnungsbaugenossenschaft „Adlershorst" hat auch in Wedel zahlreiche Bauvorhaben realisiert, hier die Wohnsiedlung auf dem Marinegelände (vgl. S. 21) zwischen Bahnhof und Schulauer Straße. Aufnahme anlässlich des „in Wedel bisher größten Richtfestes" im Oktober 1953. In den folgenden acht Jahren konnte „Adlershorst" 225 Eigenheime, 419 Mietwohnungen und 112 Eigentumswohnungen vollenden. Im Zuge des „Flüchtlingswohnbaracken-Sanierungsprogrammes der Stadt Wedel" wurden allein über 250 Wohnungen hergerichtet.

Die zwei- und dreistöckigen Wohnblöcke links hinten sind die beschriebenen „Adlershorst"-Bauten, davor Häuser der Wieschebrink-Siedlung in der Adalbert-Stifter-Straße, gebaut 1949/50. Aufnahme vom August 1954.

„Bei der Doppeleiche" im Dezember 1953. An der Ecke ist das Lebensmittelgeschäft Völkers zu sehen. Das historische Foto wird dominiert von der Gleichstrom-Anlage der Stadtwerke Wedel, Speisepunkt III.

Die um 1960 in Wedel-Schulau entstandene Aufnahme zeigt den östlichen Teil des Platzes „Bei der Doppeleiche". Links sieht man die Abzweigungen der Straßen Am Lohhof und Tinsdaler Weg, rechts die Goethestraße. Telefonzelle und Litfaßsäule sind längst aus dem Stadtbild verschwunden.

Baracken des Wohnlagers am Galgenberg, um 1954.

Tankstelle am Galgenberg/Ecke Pulverstraße, 1973. Man beachte den Benzinpreis!

Das Gebäude der ehemaligen „Ufer-Lichtspiele", Galgenberg/Ecke Feldstraße, beherbergt heute einen Lebensmittel-Supermarkt. Damals, im Februar 1973, lief gerade der Film „Duell im Atlantik" mit Curd Jürgens und Robert Mitchum. In den „besten" Jahren gab es in Wedel drei Lichtspieltheater, heute existiert keines mehr.

Gegenüber erblickt man die Ladenzeile Ecke Galgenberg/Feldstraße, erbaut zusammen mit den Wohnhäusern 1961/62. An der Ecke die am 12. Januar 1962 eröffnete damalige Schankwirtschaft „Bei Waldemar", deren Pächter Franz Graunke war. Der Komplex ist eine typische Bebauung dieser Zeit. Bis auf den Getränkehandel Peter Otto (rechts außen) wurden die Geschäfte 2011 abgerissen und durch moderne Wohnbauten ersetzt. Aufnahme von 1965.

Blick in die Friedrich-Eggers-Straße in Richtung HEW-Werk, rechts die Straße Urnenfeld. Anfang der 1960er-Jahre werden gerade die Baracken abgerissen und durch moderne drei- und viergeschossige Genossenschaftswohnungen ersetzt.

Im „Zusammenlegungsvorhaben Doppeleiche" 1968 an der Vogt-Körner-Straße errichtete Neubauten.

„Gartenstadt Elbhochufer": Zur Beseitigung der Wohnraumprobleme (1953 waren 8.000 der 17.000 Einwohner Flüchtlinge/Evakuierte) bot sich für eine neue Siedlung der Ausläufer des Geestrückens am Elbufer zwischen Fährhaus und ehemaliger Zuckerfabrik an. 1954 entstand die größte Baustelle in Schleswig-Holstein mit fast 1.200 Mietwohnungen und zahlreichen Reiheneigenheimen (Bild) – das damals wohl ehrgeizigste Bauvorhaben des Landes.

Dieses Bild wurde zum Fotowettbewerb der Stadt 1961 eingereicht: „Ruheplatz" in der heute völlig neu gestalteten Anlage mit Einkaufszeile am Hans-Böckler-Platz. Ruth Buchner gewann hierfür einen Preis.

Als Großprojekt großteils in Eigenleistung, insbesondere von arbeitslosen Jugendlichen über Maßnahmen des Jugendaufbauwerks (JAW), wurde 1953 das Elbe-Stadion an der Schulauer Straße gebaut. Siehe hierzu auch die Bilder auf den Seiten 4 und 56.

Der Hertha-Ladiges-Park zwischen Elbstraße und Tinsdaler Weg wurde 1959 abgeholzt und eingeebnet, um das Kraftwerk Schulau der HEW (erheblich) vergrößern zu können (vgl. S. 123/124).

Das – dritte – Rathaus der Stadt Wedel, erbaut 1936/37 (vgl. S. 75). Auf dem Foto von 1975, Blickrichtung von der Bahnhofstraße, halten die Busse noch direkt vor dem Rathaus.

1961 geht der Blick vom Rathausplatz in die Bahnhof- bzw. Gorch-Fock-Straße, links das 1957 erbaute Wohn- und Kassengebäude der Vereinsbank in Hamburg, Abteilung Wedel, Bahnhofstraße 10 (auf dem Gelände des ehemaligen „Abschiedshauses" des Hoophofes). Rechts an der Ecke ein Lokal, rechts davon die Bäckerei Lepthien.

Blick in die Mühlenstraße, 1956. Links das zeittypische Lebensmittelgeschäft Behrmann (Nr. 16), daneben das Haus Nr. 14 (Krauss), das kurze Zeit danach abgerissen wurde, und Biesterfeld (Nr. 10).

Das 1967/68 erbaute städtische Hallenbad zwischen Mühlenweg und Rudolf-Breitscheid-Straße war sehr beliebt. Im Jahr 2008 musste es jedoch wegen Baufälligkeit abgerissen werden.

Seitentrakt des Wedeler Altersheims in der Austraße 5 (erbaut 1965), das nach dem früheren Bürgermeister Heinrich Gau benannt ist. Aufnahme von 1971.

Blick auf die Südwest-Ecke des Graf-Luckner-Heims mit Elbwanderweg. Dieser exklusive Altersruhesitz wurde 1970 (zunächst als geplantes Kongresszentrum „Europoint" mit Fähranleger) gebaut. Seine zur Elbe gelegene Aussichtsplattform steht auf den Grundmauern des Elbspeichers der ehemaligen Zuckerfabrik (vgl. S. 19 und 103). Aufnahme von 1972.

Die frühere Zweigstelle Wedel der Bank für Gemeinwirtschaft, 1970 eingerichtet im Hause K.H. Cherk (Farben/Tapeten), Bahnhofstraße 47. Heute ist dort ein anderes Dienstleistungsunternehmen beheimatet.

Auch das ist längst Geschichte: die Karstadt-Filiale in der Bahnhofstraße. Die Aufnahme entstand am 28. Dezember 1988, wenige Tage vor der Schließung der Filiale. Damit verlor das Zentrum einen wichtigen Anlaufpunkt.

Der S-Bahnhof mit seinem Kiosk, Winter 1963. Ende 1983 erhielt Wedel ein neues Bahn-
hofsgebäude.

Hier residierte das „Wedel-Schulauer Tageblatt" 1980 – in der Bahnhofstraße gegenüber dem Rathaus.

Die Aufnahme vom Juli 1988 zeigt das Gelände der „Markenfilm". Dieses moderne Film-studio wurde 1957 in Hamburg gegründet, später nach Wedel zwischen Wedeler Au und Forst Klövensteen verlegt. Vor allem Werbefilme und TV-Spots sowie PR-und Industriefilme werden hier produziert. Zu sehen ist links die „Villa Sternberg", die sich früher in jüdischem Besitz befand.

Telefunken-Betriebsgebäude in der Hafenstraße 31. 1955 erwarb Telefunken die früheren Aromax-Gebäude (vgl. S. 63). Bis 1964 fertigten hier über 700 Mitarbeiter (1959) insbesondere Studio-Tonbandgeräte, danach Marinetechnik von AEG/Telefunken. Die Aufnahme stammt aus dem Jahr 1961.

Die Baas Maschinenfabrik in der Schulauer Industriestraße – ein typisches Beispiel für die Industrieansiedlung in Schulau seit den 1960er-Jahren. Hier wurden insbesondere Frontlader für Ackerschlepper hergestellt, später auch hydraulische Ausrüstungen für den Schiffbau. Die Aufnahme stammt vom Oktober 1971. Heute befindet sich hier das Pentosin-Werk.

Das frühere Postamt Wedel im Frühjahr 1963, damals noch im gemieteten Dienstgebäude am Rathausplatz.

Das „neue" Postamt in der Bahnhofstraße wurde im August 1964 eröffnet.

2

MENSCHEN KOMMEN ZUSAMMEN

„Deutschlands Schutz und Trutz!" – Damen-Maskerade in Schulau, 1905. Derartige Spaß-Veranstaltungen waren damals verbreitet. Zu sehen sind (von links, oben): Mary Tresselt geb. Molkenbuhr (b. d. Doppeleiche); „Germania" Martha Struckmeyer geb. Hatje; Lucia Behrmann geb. Feddersen, Mutter des Kolonialwarenhändlers Walter Behrmann; Juliane Koopmann geb. Würr, Elbstr; Katharina Hatje geb. Meyer (Mutter von Maurermeister Emil Hatje, b. d. Doppeleiche); Amalie Kruse geb. Hatje, (Ehefrau des Drechlermeisters Friedrich Kruse, Bahnhofstr.); Martha Schümann geb. Feindt; Anna Schulenburg geb. Karp, Schulauer Str.; Emma Müller geb. Feindt, Bahnhofstr.; Martha Möller geb. Molkenbuhr. Kniend: Tine Freytag geb. Bornemann, die später nach Amerika auswanderte; Johanna Budde geb. Feindt. Sitzend: Catharina Völkers geb. Blohm, Rolberg 1; Maria Molkenbuhr geb. Lankau (Frau des Malermeisters J. Molkenbuhr).

Mitarbeiter der Wedeler Dampf-, Wasch- und Plättanstalt Heinrich Brauer in der Mühlenstraße, um 1930.

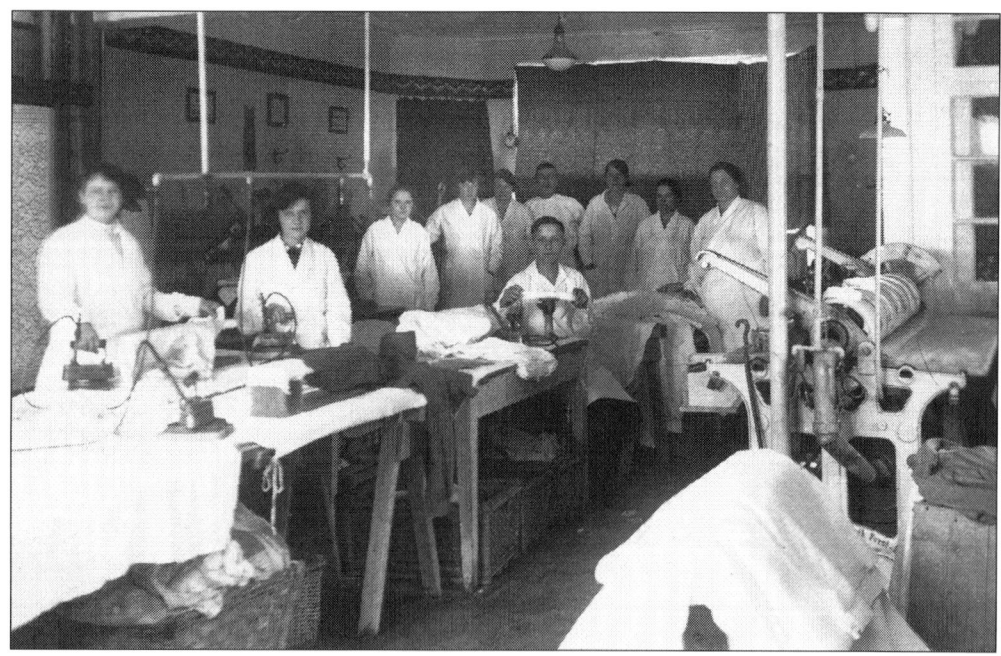

Bei der Arbeit in der Wedeler Firma Heinrich Brauer, um 1930.

Der Schützenverein „Roland" Wedel war einer von zwei Schützenvereinen in der Zeit von 1901 bis 1919. Die Aufnahme entstand 1903.

Wedeler Schützenpark

75000 qm.   20 Minuten von Wedel

D. Markmann

Großer Park u. Tannengehölz an der Chaussee nach Holm
Aussicht über die Marsch und Elb-
fernsicht bis weit ins „Alte Land"
Ausspann für hundert Pferde
Vereinen und Ausflüglern bestens empfohlen
Auf den Ständen Schießgelegenheit

Werbung für den „Wedeler Schützenpark", um 1905.

Im Hause Bekstraße 1 wurde 1886 der Spitzerdorf-Schulauer Männer-Gesangverein gegründet. Von den Mitbegründern lebten bei der Feier zum 40. Gründungsjubiläum noch zwölf Mitglieder, die beruflich Handwerkermeister (Schmied, Schneider, Zimmermann, Brunnenbauer, Drechsler) waren, außerdem je ein Lehrer, Kaufmann, Milchhändler sowie Ober-(!) briefträger.

Dieses 1909 entstandene Foto des Wedeler Gesellenvereins im „Sonntagsstaat" stammt aus dem Besitz des Zimmermanns Johannes Dose, Wedel. Als er 1957 der Stadt das Bild schenkte, schrieb er: „Der Gesellenverein war ein geselliger Zusammenschluss der hiesigen und auch zugewanderten Gesellen (Maurer, Zimmerer, Schmiede, Müller, Schlachter, Bäcker, Reepschläger, Küper, Stellmacher u.a.). (…) Er war zugleich ein Krankenunterstützungsverein."

Die Volksschulen in Wedel veranstalteten jährlich kurz vor den großen Ferien ein Sommer-fest, in das der gesamte Stadtteil einbezogen wurde: das sehr beliebte Kindergrün. Nach Sport- und Spielwettkämpfen auf dem Schulgelände zogen die Kinder mit einer Musik-kapelle, Kränzen und Fahnen durch die Stadt. Das Kindergrün der Volksschule ABC-Straße ist auf dem Bild von 1910 zu sehen. 1965 fand das letzte Kindergrün statt.

Kindergrün 1951: Tanzende Kinder auf dem Schulhof der unmittelbar vorher vollendeten Theodor-Storm-Schule (vgl. S. 25).

Am 24. Juni 1922 wurde der damalige Außenminister Walther Rathenau in Berlin ermordet. Aus diesem Anlass fand eine große Trauerdemonstration auf dem Marktplatz in Alt-Wedel statt.

1927 wurde in Schulau das Elektro Werk Unterelbe (E.W.U.) gebaut. Das Foto zeigt Arbeiter der AEG-Montageabteilung.

46

Mitarbeiterinnen des Verkaufsladens der „Produktion" in der Mühlenstraße, um 1930. Auch im Kronskamp befand sich eine von insgesamt vier örtlichen Filialen dieser genossenschaftlich organisierten Einzelhandelskette.

Anzeige der Konsumgenossenschaft „Produktion", 1950.

Aus dem Familienalbum von Gerda Möller: Gretchen mit ihren drei Kindern (v.l.) Gerda, Inge und Rolf. Foto von 1914.

Aus dem Fotoalbum von Erwin Möller. „Vater am Schreibtisch, 7.10.1929, 16 Uhr". Dieser lauscht über seinen Kopfhörer konzentriert dem Rundfunk.

Inge Seeliger und Günther Zimmermann („Schutthaker"), 1930.

Alle diese fröhlichen Kinder wohnten in den Baracken am Galgenberg (vgl. S. 23, 28). Das Foto entstand um 1950.

1931 wurde von der einige Jahre zuvor gegründeten Arbeiterwohlfahrt (AWO) eine Nähstube für erwerbslose junge Mädchen eingerichtet, die dort für ihren persönlichen Wäschebedarf sorgen konnten.

Die Siedlungsgenossenschaft „Eigenheim", 1923 von Arbeitern gegründet, baute in den 1920er-Jahren Häuser in Selbsthilfe am „Voßhagen". Hier sind Arbeiter mit ihren Familien bei einem Umtrunk vor der Baubaracke zu sehen.

Wedel im „Dritten Reich" – Versammlung, Sommer 1933. Die Häuser im Hintergrund sind: links Marktplatz 1 (Hatje), Mitte Rolandstraße 1 (Karl Ketel), ganz rechts Marktplatz 3 (Brauer), (vgl. S. 73).

Personenkult: Für die Vorbeifahrt Hitlers und Admiral Horthys (Ungarn) wurde zum 23. August 1938 am Elbufer ein großes Begrüßungsschild aus Rosen gefertigt.

Mitarbeiter der Stadtkasse im Kassenraum des Rathauses Wedel. Aufnahme von 1938.

Gerhard Schulz steht im September 1943 in der Gärtnerstraße vor den eingeebneten Trümmern vom Bombenangriff 1943.

Diese sechsköpfige Familie – ohne Vater – aus der „Siedlungskolonie Elbhöhe" ist trotz aller Entbehrungen guter Dinge. Die Aufnahme entstand um 1949.

Fritz Worf mit seinem Opel-Taxi am Mühlenteich, um 1948.

Der erste Lastkraftwagen der Stadtwerke Wedel, ein Opel, daneben Mitarbeiter des Betriebes. Aufnahme von
1950.

Die Verwaltung der Stadt Wedel stellte sich auf dem Betriebsausflug am 16. August 1952 zum
Gruppenfoto.

Schnappschuss von der ersten Einschulung der Theodor-Storm-Schule aus dem Jahr 1951. Der Schulleiter überreicht diesem „Steppke" eine gut gefüllte Schultüte.

Im ersten Jahr ihres Bestehens wurde in der Theodor-Storm-Schule ein großes Schulfest veranstaltet. Hier wetteifern die Kinder beim Topfwerfen. Das Foto entstand 1951.

Einweihung des Elbe-Stadions am 30. August 1953: Einzug der Sportler (siehe auch Bilder S. 4 und 32).

Auf dem Gruppenbild der Mitglieder des Jugendaufbauwerks Wedel (vgl. S. 32) vom Sommer 1950 ist rechts mit Hut der Betreuer Brockmann zu erkennen.

Kreisfeuerwehrtag in Wedel am 12. Juli 1953. Aufmarsch der Wedeler Wehr mit ihren Fahr-zeugen auf dem Übungsplatz an der Wiede (heute bebaut als Wiedestraße, damals auch Reiterplatz).

Jubiläumsfeier der Freiwilligen Feuerwehr am 6. November 1953 anlässlich des 75-jährigen Bestehens der Wedeler Wehr. In der Bildunterschrift heißt es: „Die Wedeler und Spitzerdorf-Schulauer Männergesangsvereine helfen die Jubelfeier mit gesanglichen Darbietungen zu schmücken." Auf der Bühne spielt der Akkordeon-Club Blau-Weiß.

„Schlesischer Heiratsmarkt" in Wedel. Dieses Volksfest fand am Himmelfahrts-/Vatertag statt und erfreute sich wachsender Beliebtheit. Das Bild zeigt schlesische Trachtengruppen, die 1952 unter dem Roland ihre Volkstänze aufführten.

Eine große Menschenmenge versammelte sich am 14. Mai 1953 am Bahnhof zum zweiten „Heiratsmarkt". Die bis zu 80.000 Menschen waren nicht mehr zu bändigen; und als weitere „polizeiliche" Probleme aufkamen, wurde der Markt schon im darauffolgenden Jahr für immer beendet.

Zwei „Herrchen" mit dem Hofhund am Küchentisch eines Wedeler Haushalts, um 1960.

Drei Hausfrauen-Generationen bei der Arbeit in derselben Küche, weitgehend noch ohne Maschinen/Küchengeräte.

In dieser Küche gibt es um 1960 neben althergebrachtem Spülstein und Herd schon einen modernen Kühlschrank.

Schinkentour einer Herrenrunde zu „Köhler's Gasthof", Mitte der 1950er-Jahre.

Die Wedeler Meierei wurde 1894 errichtet, nachdem sich 22 Bauern aus Wedel, Holm und Hetlingen am 1. Mai zu einer Meiereigenossenschaft zusammengeschlossen hatten. Das 1943 völlig zerstörte Gebäude wurde – da kriegswichtig – wieder modern aufgebaut. 1950 geht der Blick in den Produktionsraum der neu gebauten Meierei, wo die Butter „ausgepfundet", d.h. in Pfundpakete verkaufsfertig verpackt wurde. Zu sehen ist u.a. Walter Eggert (2.v.r.).

Drei Mitarbeiter in der Lehrwerkstatt bei der Firma J.D. Möller, in der Mitte Fritz Worf.

Die Möbelfabik KUBAH an der Rissener Straße (heute famila-Gelände), 1950. Rund 400 Menschen fertigten und verkauften hier ab 1946 beliebte Möbel wie den „Kassettenschrank Konsul N". Das Unternehmen konnte schließlich mit der Billigkonkurrenz nicht mehr mithalten und stellte die Produktion 1970, den Verkauf 15 Jahre später ein.

Kurt Barnekow (1911–1998), Gründer der nach ihm benannten Wedeler Möbelfabrik, war schon vor 1945 in der Möbelbranche tätig; seine große Zeit kam mit dem Wiederaufbau und seinem Wedeler Werk. Der Firmenpatriarch steigerte den Umsatz von 6 Mio. DM (1954) auf über 20 Mio. (1958). Zahlreiche norddeutsche Möbelhäuser führten KUBAH-Artikel, über 20 markante Lastzüge fuhren die begehrten Produkte aus. Barnekow legte sich als Unternehmer öfter mit den Gewerkschaften an, bot seinen Kunden andererseits früh bequeme Ratenzahlungen.

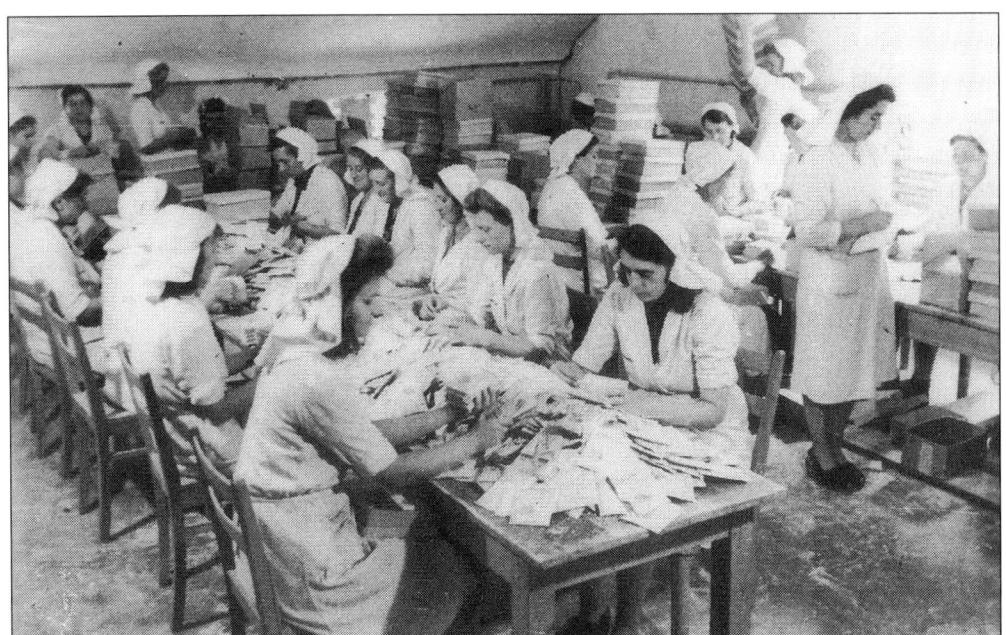

Arbeiterinnen beim manuellen Verpacken von Produkten der Firma Aromax in der Hafenstraße, die dort von 1945 bis 1952 ansässig war. Kurz nach Ende des Krieges begann die
Produktion insbesondere von Nährmitteln, Puddingpulver und Aromastoffen. Nach sehr
erfolgreichen Jahren war aber bereits 1952 Schluss für das „Puddingparadies".

Zeitgenössische Anzeige für Produkte der
Firma Aromax, 1949.

Büroraum im Neubau der Stadtsparkasse Wedel, 1956. Die Mitarbeiter schauten auf den Parkplatz der „Adlershorst"-Siedlung.

Vatertagsausflug der Betriebsgemeinschaft der Mobil Oil, Anfang der 1950er-Jahre. Die Aufnahme entstand vor dem Roland – für gute Musik und Stimmung ist gesorgt!

Fünf Jahre nach dem Zweiten Weltkrieg fand auf dem Wedeler Marktplatz unter dem Roland wieder der traditionelle Ochsenmarkt (vgl. S. 2, 76–77, 88) statt. Er lebt als Traditionsveranstaltung fort. Dieses Foto wurde am 18. April 1950 aufgenommen.

Mit dem Ochsenmarkt wird seit 1950 auch ein Jahrmarkt abgehalten, hier ein Foto vom 19. April 1950 mit dem Roland mitten im bunten Marktbetrieb.

Wochenmärkte sind nach wie vor sehr beliebt. Hier ein Schnappschuss vom Wochenmarkt Schulau aus dem Jahr 1955. Dieses Gelände wurde nach der Zerstörung des Bauernhofes von Biesterfeld an der Spitzerdorfstraße im Jahr 1943 frei und später für einen Wochenmarkt hergerichtet.

Das Bild vom Juni 1960 ist betitelt mit „Reges Leben auf dem Schulauer Marktplatz am Sonnabendmorgen".

Als gutes Beispiel für Familienbetriebe mit Tradition steht die Schlachterei Walter Höpermann, hier eine Anzeige von 1950.

Im Jahr 1984 konnte der Betrieb in der Mühlenstraße sein 50. Betriebsjubiläum feiern. Von links: Walter jun., Auguste, Walter sen., Horst Höpermann.

Die Zoohandlung von Margarethe Rath in der Bahnhofstraße 54 wurde am 31. Oktober 1990 geschlossen. Heute befinden sich hier die Welau-Arcaden.

Der Parkplatz (vor dem jetzigen „Mittendrin") Friedrich-Eggers-Straße Richtung Pulver-straße. Das hohe Haus im Vordergrund wurde im Volksmund „Telefunken- oder AEG-Haus" genannt – zunächst befanden sich darin Werkswohnungen für Mitarbeiter. Die jungen Damen posierten vor Automobilen, die man heute nur noch selten sieht.

„Auf einer Bank am Mühlenteich" genießen diese Herren im Juni 1960 das schöne Ambiente.

Fahrer mit Dienstwagen „Opel Rekord" vor einer Barackensiedlung, 1960.

Ab 1961 entstand die Kolonie „Autal 2" des Schrebergartenvereins Wedel. Hierzu hatte die Stadt dem Verein das Gelände der ehemaligen Schuttkuhle im Autal zur Verfügung gestellt. Das Gebiet war zunächst notdürftig mit Mutterboden aufgefüllt, die Wege und Parzellen waren vermessen und mit Pflöcken abgesteckt worden. 1962 war diese fertiggestellte Laube der ganze Stolz der Familie!

Hauptübung der Freiwilligen Feuerwehr Wedel am 24. September 1960 am ehemaligen „Zuckerspeicher" am Hans-Böckler-Platz. Die vor allem junge Bevölkerung nahm regen Anteil.

3

BEKANNTE GESICHTER,
BESONDERE EREIGNISSE
UND ORTE

Friedrich Eggers (1867–1945, auf dem Bild vorn in der Mitte) war ab 1902 30 Jahre Bürgermeister in Wedel. Am 5. September 1937 wurde er nach Sanitätsrat Dr. Boockholtz (1909)
der zweite Ehrenbürger der Stadt. Weitere Ehrenbürger sind Rudolf Höckner (1939, S. 72)
und Johanna Lucas (1993). Auf diesem Bild ist der Besuch einer Reisegesellschaft des Platt-
dütschen Volksfestvereens New York im Juni 1931 in Wedel dokumentiert.

Der Kunstmaler Rudolf Höckner (1864–1942) und seine Frau in ihrem Haus in der Mühlenstraße 38, um 1910. Obwohl nicht in Wedel geboren, lebte und arbeitete er 24 Jahre hier. Bekannt wurde Höckner vor allem durch seine Abbildung norddeutscher Landschaften, auch und insbesondere aus der Hamburger Umgebung einschließlich Wedels. Als Ehrenbürger der Stadt (1939) wurde er hier beigesetzt. Über 250 seiner Werke sind heute im Besitz der Stadt, viele davon hängen in städtischen Amtsräumen.

Es war ein langer Zug von Teilnehmern, die am 11. September 1921 vom Marktplatz zum Sportplatz am Rosengarten marschierten. Dort wurde ein Denkmal für die im Ersten Weltkrieg Gefallenen des Wedeler Turnvereins eingeweiht.

Dieser Findling wurde als Gedenkstein für den 1925 verstorbenen Reichspräsidenten Friedrich Ebert im Jahr 1932 am Rathausplatz errichtet, ein Jahr später von SA-Männern beschädigt und später vergraben. 1947 wurde er freigelegt und wieder aufgestellt.

Dieses Foto von 1933 ist betitelt mit: „S.A. leistet ihren Treueschwur" (vgl. S. 51).

Gedenkstein für Hertha Ladiges (1899–1935), die bei der Geburt ihres Sohnes starb. Der Stein wurde 1936 im sogenannten Schwarz-Bunt-Park aufgestellt, der Park erhielt ihren Namen. Im Zweiten Weltkrieg hat man den Park stark gelichtet, in der Notzeit danach völlig kahl geschlagen. Dadurch hatte der Stein seinen Rahmen verloren. Der Besitzer ließ ihn deshalb am bisherigen Standort vergraben.

Dieses Parkgelände ist dem Andenken einer Mutter geweiht, die ihr junges Leben opferte bei der Geburt ihres hart erkämpften Sohnes

Muttertag 1936

Nach den Kriegs- und Nachkriegszeiten und vielen Entbehrungen war 1950 in Wedel ein Jahr voller Ereignisse, Jubiläen und Feiern. Es folgt nun eine Reihe von Bildern aus diesem besonderen Jahr: Hier eine Aufnahme von der ersten großen Maifeier nach dem Zweiten Weltkrieg auf dem Wedeler Marktplatz.

Der Nordwestdeutsche Rundfunk (NWDR, Vorläufer des NDR) war während der Fest-woche zu Gast im Strandbad Wedel. Bürgermeister Heinrich Gau ist hier im Gespräch mit dem Rundfunkreporter Hans Heinz Bodenstedt, 30. Mai 1950.

Das festlich geschmückte Rathaus während der Fest- und Heimatwoche 1950.

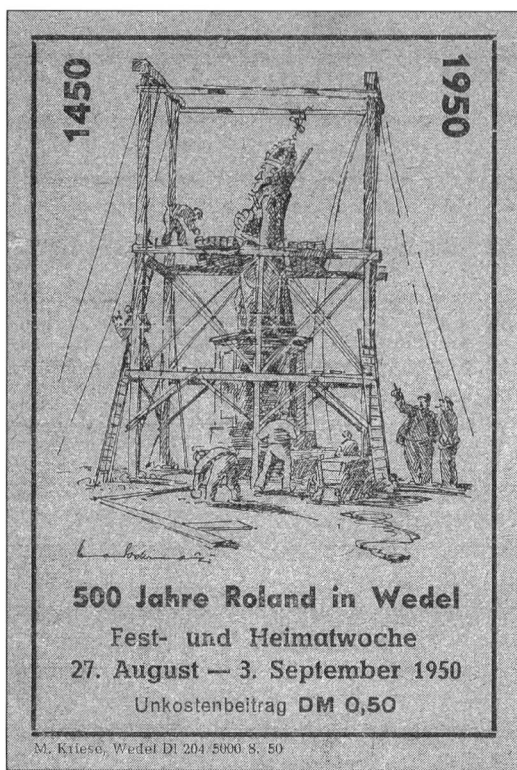

1450 1950

500 Jahre Roland in Wedel
Fest- und Heimatwoche
27. August — 3. September 1950
Unkostenbeitrag DM 0,50

M. Kriese, Wedel Dl 204/5000/8. 50

Heimatwoche 1950. Der in einer 5.000er-Auflage erschienene Werbezettel skizziert die Renovierung des Roland-Denkmals. Einheimische und Gäste erwartete ein umfangreiches Festprogramm.

Mitwirkende bei der baulichen Überholung und Versetzung des Roland-Standbildes stellten sich 1950 zum Gruppenfoto auf. In der vorderen Reihe (von links): Ernst Kolbe (Itzehoe); Stadtbaumeister Karl Hofmann; Vorarbeiter Hans Bartels; Steinsetzer Martin Hoff (alle Wedel). In den 1970er-Jahren wurde der Roland nochmals gründlich restauriert.

Zum Auftakt der Heimatwoche versenkte Bürgermeister Gau (1903–1965) einen kupfernen Urkundenbehälter in den Sockel des reparierten Roland-Standbildes, und zwar an dessen Ostseite.

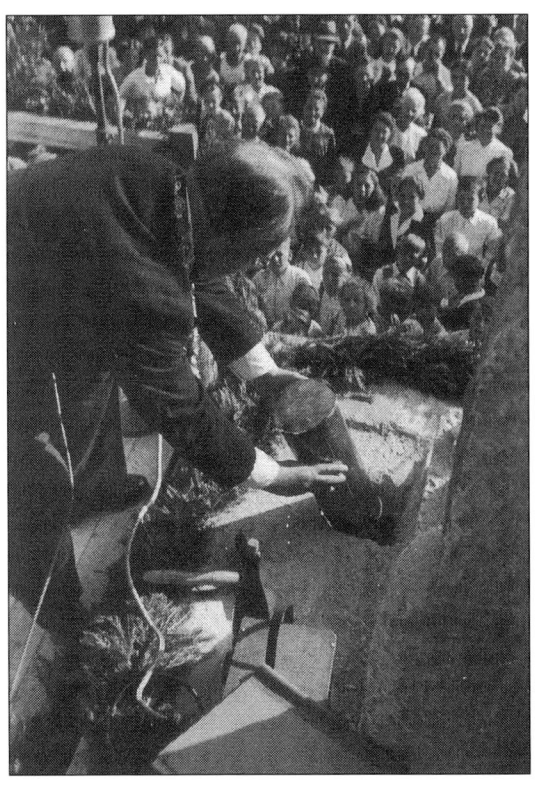

„Enthüllung des 500jährigen Roland nach der Renovierung" – Hamburgs Erster Bürgermeister Ernst Brauer bei seiner Ansprache. Rechts steht Bürgermeister Gau, hinter ihm Klempnermeister Arndt Eckert Kleist, der den „Hans Sachs" darstellte.

Die erste frei gewählte Stadtvertretung Wedels nach dem Zweiten Weltkrieg, 1946–1948 (v.l.), oben: Beerbaum (KPD), Kleinwort (FDP), Kahl (SPD), Matthiessen (CDU), Behrens (SPD), Kuhlmann (SPD). Mitte: Eydeler (SPD), Lesshafft (FDP), Westedt (FDP), Heinsohn (FDP), Ansorge (SPD), Ramcke (SPD), Schacht jun. (SPD), Heiseke (SPD). Unten: Eydeler (SPD, einzige Frau), Mahlow (SPD), Balke (FDP, stv. Bürgermeister), Schacht (SPD, Bürgermeister), Brauns (SPD), Ramcke (FDP), Glismann (SPD).

Das Magistratskollegium der Stadt Wedel im Frühjahr 1963. Sitzend, v.l.: Bürgermeister Gau, die Stadträte Jungblut (Schulen, Sport), Bröker (Kultur und Erwachsenenbildung, Jugendfragen), Hufe (Feld und Forst, Feuerlöschwesen), Biernoth (Bauwesen). Stehend, v.l.: Erster Stadtrat Voigt (hauptamtlich, Allgemeiner Vertreter des Bürgermeisters und Stadtwerke), die Stadträte Plichta (Gesundheitswesen), Krüger (Wirtschaft und Verkehr) und Laufer (Sozialwesen).

Das Fünf-Städte-Heim in Hörnum/Sylt, 1950. Der Plan, für die Jugend in der schweren Nachkriegszeit eine Erholungsmöglichkeit im ehemaligen Offiziersheim zu schaffen, wurde seit 1947 von Bürgermeister Schacht und Stadtdirektor Gau initiiert und mit der Landesregierung und den Bürgermeistern von Elmshorn, Pinneberg, Uetersen und Kellinghusen umgesetzt. Viele Schülergenerationen profitieren bis heute von den beliebten Reisen auf die Nordseeinsel.

Am 1. Dezember 1883 wurde die erste Eisenbahn zwischen Wedel und Blankenese dem Verkehr übergeben. Die abgebildete Lokomotive befuhr um 1900 diese Strecke. Im Bild (v.l.): Lokomotivführer Metzner, Heizer Graf und Weichensteller Wacker.

Foto von der Einweihung der 1954 elektrifizierten S-Bahnstrecke Sülldorf–Wedel am 22. Mai 1954. Der Fotograf K. Buchner schrieb zu diesem Bild: „Tausende von Menschen füllten Bahnsteig, Bahnhofs- und Rathausplatz, um teilzuhaben an dem nicht nur für Wedel bedeutsamen festlichen Akt der Eröffnung des elektrischen Betriebes der S-Bahn."

Der erste elektrische S-Bahn-Zug ist in Wedel eingefahren, 22. Mai 1954. Die Fahrt in das Zentrum Hamburgs dauerte nun nur noch 40 Minuten.

Voranzeige für den Stadtverkehr mit Bussen in Wedel, 1955. Diese Linie verbesserte zusammen mit der vorherigen S-Bahn-Modernisierung die Verkehrsinfrastruktur in Wedel maßgeblich.

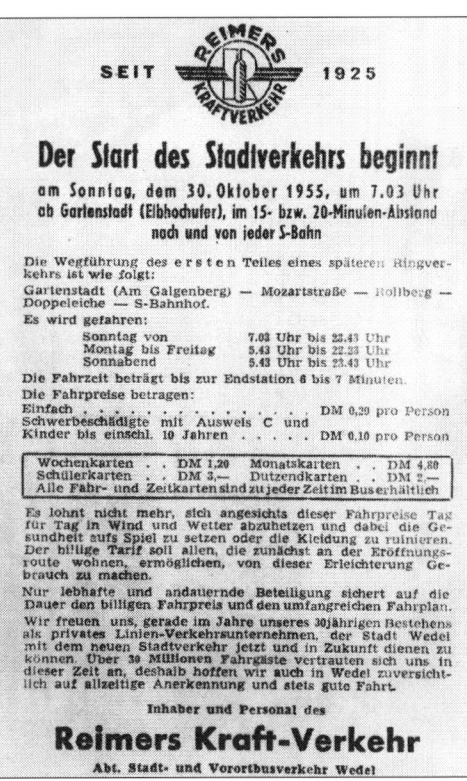

REIMERS KRAFTVERKEHR

SEIT 1925

Der Start des Stadtverkehrs beginnt

am Sonntag, dem 30. Oktober 1955, um 7.03 Uhr
ab Gartenstadt (Elbhochufer), im 15- bzw. 20-Minuten-Abstand
nach und von jeder S-Bahn

Die Wegführung des e r s t e n Teiles eines späteren Ringverkehrs ist wie folgt:
Gartenstadt (Am Galgenberg) — Mozartstraße — Rollberg — Doppeleiche — S-Bahnhof.
Es wird gefahren:

Sonntag von   7.03 Uhr bis 22.43 Uhr
Montag bis Freitag   5.43 Uhr bis 22.23 Uhr
Sonnabend   5.43 Uhr bis 23.43 Uhr

Die Fahrzeit beträgt bis zur Endstation 6 bis 7 Minuten.
Die Fahrpreise betragen:

Einfach . . . . DM 0,20 pro Person
Schwerbeschädigte mit Ausweis C und
Kinder bis einschl. 10 Jahren . . . . . DM 0,10 pro Person

Wochenkarten . . DM 1,20   Monatskarten . . DM 4,80
Schülerkarten . . DM 3,—   Dutzendkarten . . DM 2,—
Alle Fahr- und Zeitkarten sind zu jeder Zeit im Bus erhältlich

Es lohnt nicht mehr, sich angesichts dieser Fahrpreise Tag für Tag in Wind und Wetter abzuhetzen und dabei die Gesundheit aufs Spiel zu setzen oder die Kleidung zu ruinieren. Der billige Tarif soll allen, die zunächst an der Eröffnungsroute wohnen, ermöglichen, von dieser Erleichterung Gebrauch zu machen.
Nur lebhafte und andauernde Beteiligung sichert auf die Dauer den billigen Fahrpreis und den umfangreichen Fahrplan. Wir freuen uns, gerade im Jahre unseres 30jährigen Bestehens als privates Linien-Verkehrsunternehmen, der Stadt Wedel mit dem neuen Stadtverkehr jetzt und in Zukunft dienen zu können. Über 38 Millionen Fahrgäste vertrauten sich uns in dieser Zeit an, deshalb hoffen wir auch in Wedel zuversichtlich auf allzeitige Anerkennung und stets gute Fahrt.

Inhaber und Personal des

Reimers Kraft-Verkehr

Abt. Stadt- und Vorortbusverkehr Wedel

Eröffnung des Stadtbusverkehrs in Wedel durch die Firma Reimers, Rellingen, am 30. Oktober 1955. Ein kleiner Kreis geladener Gäste nahm an der Eröffnungsfahrt und einer anschließenden Feier im „Wedeler Hof" teil.

Am 23. Oktober 1952 wurde im Rahmen der Kriegsgefangenengedenkwoche das von Egon Lissow (vgl. S. 88) geschaffene und gestiftete Relief am Rathaus als Mahnzeichen angebracht und in einer Gedenkstunde feierlich enthüllt.

Wechsel in der kaufmännischen Leitung des Telefunken-/AEG-Werkes Wedel, Januar 1957. Für den bisherigen Direktor Binternagel (Mitte) übernahm Direktor Bichteler (rechts daneben) den wichtigen Posten. Außerdem von der Stadt dabei (v.l.): Oberinspektor Schacht, Bürgermeister Gau und Amtmann Maushake.

Robert Staß und seine Frau feierten am 5. Februar 1958 in ihrer Wohnung Friedrich-Eggers-Straße 32 das seltene Fest der Diamantenen Hochzeit. Links ein Nachkomme, rechts Bürgermeister Gau, der die Glückwünsche der Stadt überbrachte.

Verkehrsfreigabe eines Abschnittes des Tinsdaler Weges am 13. November 1958. Neben Bürgermeister Gau (Mitte) war auch der ortsansässige bekannte Artist/Stuntman Arnim Dahl (1922–1998, rechts) dabei.

Im August 1963 weilte das afghanische Königspaar in Hamburg, im Bild der Empfang beim Willkomm Höft auf der Landungsbrücke. Links das Königspaar, Zweiter von rechts Bürgermeister Gau, links daneben Hamburgs Erster Bürgermeister Dr. Nevermann. Von Schulau ging die Fahrt zum „Hotel Atlantic".

Der Regierende Bürgermeister Berlins und spätere Bundeskanzler Willy Brandt besuchte im Juli 1961 die Stadt Wedel und sprach zur Bevölkerung der Stadt. Hier begrüßt ihn Bürgermeister Gau vor dem Rathaus. Zwischen beiden steht die SPD-Bundestagsabgeordnete für den Landkreis, Annemarie Renger, Pinneberg.

Besuch des damaligen Bundeswirtschaftsministers und späteren Bundeskanzlers Prof. Ludwig Erhard am 11. August 1961 in Wedel (zwei Tage vor dem Berliner Mauerbau). Auch er hielt eine Ansprache.

750-Jahr-Feier 1962. Trotz Sturmflut in diesem Jahr wurde das Jubiläum mit einem großen Festprogramm gefeiert. Höhepunkt war ein großer Umzug am 9. September mit über 100 „Bildern" (davon 27 zur Geschichte) und Personengruppen. Zum Abschluss gab es ein dreistündiges NDR-Unterhaltungsprogramm, moderiert vom Wahl-Wedeler Peter Frankenfeld. Es folgen einige Impressionen vom Festzug, den hier Bürgermeister Gau anführt.

Aus dem Festzug zur 750-Jahr-Feier 1962.

Aus dem Festzug zur 750-Jahr-Feier 1962.

Aus dem Festzug zur 750-Jahr-Feier 1962.

Ochsenmarkt in Wedel, 18. April 1962. Hier wird ein Handel durch „Handschlag" abge-schlossen. Durch den Ochsenhandel war Wedel schon im Mittelalter ein reicher Marktflecken (vgl. S. 65). Für die damalige Zeit war der Ochsenmarkt ein wirtschaftliches Großereignis, auf dem bis zu 30.000 Tiere gehandelt wurden.

Der Bildhauer Egon Lissow (vgl. S. 82) setzte dem Traditionsmarkt mit dem im April 1984 eingeweihten Ochsenmarkt-Brunnen ein Denkmal.

1963 feierte der TSV Wedel sein 100-jähriges Bestehen, hier auf dem Rathausplatz neben der Volksbücherei (früher: Stadtsparkasse, errichtet 1928, zugunsten des Rathaus-Erweiterungs-baus 1978 abgerissen).

Auf der Elbinsel Neßsand errichtete Gerhard Japp 1964 eine Hüttenunterkunft.

Das Theater Wedel, Rosengarten 9. Hier befand sich das erste E-Werk (vgl. S. 16) und das Wohn-/Betriebsgelände der Stadtwerke, das 1943 teilweise zerstört und provisorisch wieder aufgebaut wurde. Das auch jenseits der Stadtgrenzen bekannte Laientheater bot lange Zeit unter der künstlerischen Leitung des Profis „Andy" Neil, der das Theater maßgeblich prägte, neben eigenen Stücken auch Gastspiele auswärtiger Gruppen.

Zum Ortstermin fanden sich im März 1984 im Theater Wedel ein (von links): Michael Reimer, der Schleswig-Holsteinische Kultusminister Dr. Peter Bendixen, Bürgermeister Jörg Balack, Intendant Andy Neil.

Unterzeichnung der Städtepartnerschaftsurkunde mit Caudry am 8. Juni 1985 im Rathaus Wedel, links Bürgermeister Jörg Balack (1941–1992). Die Stadt pflegt außerdem Partnerschaften mit Wolgast (seit 1989) und Vejen (Dänemark).

Originelle Werbung zur Eröffnung des Einkaufszentrums Rosengarten im Oktober 1981.

Ein Eindruck vom zweiten Cityfest im Jahre 1982. Seit 2000 trägt es den Namen Hafenfest.

Das 1758 errichtete Reepschlägerhaus wurde 1977 und 1990 (Bild) grundständig restauriert; hier entstand ein stilvolles Restaurant.

4

MARITIMES

Der Liethgraben in Schulau vor seinem Ausbau zum Fischereischutzhafen (1900/1901). Wedel und Schulau hatten seit langer Zeit Häfen. Transport- und Frachtschifffahrt, Küsten- und Hochseefischerei waren wichtige Haupt- oder Nebenerwerbszweige.

Eine Gruppe von jungen Fischern aus Schulau mit ihrem Maskottchen – „zur Erinnerung an 1929".

Am Strandweg beim Schulauer Hafen werden 1950 neue Netze eingestellt.

Aufnahme von der angeblich ersten Lühe–Schulau-Fähre, die von 1917 bis 1919 verkehrt sein soll. Eine Fährstelle bei Wedel ist seit 1460 nachweisbar.

Die Lühe–Schulau-Fähre läuft hier 1950 in den Schulauer Hafen ein.

Blick in den Schulauer Hafen, Juni 1950. Von 1922 bis 1983 befand sich hier u.a. eine Esso-Bunkerstation (vgl. S. 99). 1950 waren noch etwa 15 Fischkutter im Schulauer Hafen beheimatet.

In den 1950er-Jahren im Schulauer Hafen.

Kinder im Juni 1950 im Schulauer Hafen. Im Hintergrund das Aromax-Fabrikgebäude, später Telefunken/ AEG.

Die Aufnahme aus dem Sommer 1958 zeigt den hinteren Teil des Schulauer Hafens mit den Bootsliegeplätzen. 1936, nach Gründung des SVWS (Segel-Verein Wedel-Schulau), nahmen die ersten Sportboote ihre Plätze ein.

Am Schulauer Hafen lässt es sich aushalten! Aufnahme um 1953.

Taufe des Küsten-Motor-Schiffes (Kümo) „Schulau" (700 Tonnen) am 23. August 1958 auf der Werft von Jan Sietas, Hamburg-Neuenfelde. Eigner waren die Kapitäne Hinrich und Christel Brunckhorst aus Wedel-Schulau. Hier vollzog die Ehefrau des Senioreigners die Taufe des Schiffes. Über 200 Jahre wurde auch in Schulau Schiffbau betrieben.

Ladearbeiten im Schulauer Hafen, der in dieser Zeit vor allem ein Wirtschaftshafen war, in dem Bau- und Brennstoffe gelöscht wurden. Aufnahme von 1960.

Die in der Öffentlichkeit hart umkämpfte Kiesentladungs- und Lageranlage im Schulauer Hafen war seit August 1959 in Betrieb. Herbert Heidorn, Umschlagbetrieb in Hamburg-Bahrenfeld, betrieb das Unternehmen. Seit Ende der 1970er-Jahre ist es stillgelegt, der Verladekran wurde demontiert. Die Aufnahme mit den Männern beim „Klönschnack" entstand etwa 1962.

Der Schulauer Fischereischutzhafen mit seiner Ostmole im Oktober 1963.

Das Hafenmeisterhaus am Schulauer Hafen, Juli 1982. Der gesamte Bereich des Hafens soll ab 2012 grundlegend verändert werden.

Anzeige der Gaststätte „Zum Parnass", ursprünglich das Hauptwirtshaus an der Elbe, um 1910. Hier stand die erste Brückenanlage Schulaus. Der „Parnass", ein Berg in Zentralgriechenland mit einem malerischen Rundblick, galt in der Antike als Heimat der Musen. In Schulau gab Johann Rist, der dort oft dichtete, dem Ort diesen Namen.

Schulau
Fernsprecher Nr. 349
Amt Blankenese

Zum Parnass

Den verehrten Vereinen und Touristen empfehle mein herrlich an der Elbe bei der Landungsbrücke gelegenes Lokal mit

großem, schattigen Garten.

Herrliche Aussicht auf den belebten, romantischen Elbstrom. Großer elegant eingerichteter Speisesaal, vollständig neu renovierter Saal.

Veranda, Doppelkegelbahn.

Schöne Ausflüge nach dem so idyllisch gelegenen Wedel. Fußtouren an der Elbe, sowie durch die herrlichen Tannen- und Fichtenwälder in die romantische Heide.

Zimmer mit voller Pension.

Indem ich an Speisen und Getränken das beste vom besten zu zivilen Preisen zusichere, zeichne hochachtungsvoll

J. H. Heinsohn, Zum Parnass.

Im Jahr 1900 ließ der Gastwirt Hans Heinrich Heinsohn eine Landungsbrücke vor der „Schönen Elbaussicht" bauen. 1938 übernahm Otto Friedrich Behnke das in Eigentum der Firma Möller stehende Gasthaus (seit 1939 „Schulauer Fährhaus") und baute es zu einer modernen Ausflugstätte aus.

Das Schiff „Europa" passierte Schulau am 23. Februar 1930. Auf der Landungsbrücke und am Ufer standen zahlreiche Schaulustige.

Das Helgolandschiff „Jan Molsen" bei Eisgang vor Wedel, um 1935.

Um 1938 an der Elbe. Im Hintergrund ist der Elbspeicher der ehemaligen Zuckerfabrik zu sehen (vgl. S. 19 und 35).

Das Elbufer vor dem Schulauer Fährhaus. Das Vorgelände zwischen Strom und Fährhaus, Ostmole des Schulauer Hafens und des HADAG-Anlegers wurde im Jahr 1951 aufgespült und der Uferrand neu befestigt.

Ein Schiff der HADAG passiert das Schulauer Fährhaus im Juni 1950.

Die „M.S. Italia" wird im Juli 1952 beim Einkommen vom Willkomm Höft aus in Schulau begrüßt. In dem Jahr rief Otto Friedrich Behnke, Hausherr des Schulauer Fährhauses (siehe S. 103, 105–107), die Schiffsbegrüßungsanlage ins Leben.

Sechs Jahre später: 1958 fährt die „Italia" aus und passiert das Schulauer Fährhaus.

„Binnenkommen eines Motorschiffs auf der Elbe vor dem Schulauer Hafen" lautet die Original-Unterschrift zu diesem Bild von 1959.

Das Willkomm Höft, 1982 von der Elbe aus gesehen. 2011 wurde der Anleger neu gestaltet.
Im Jahr 2012 besteht die weltweit einzigartige Begrüßungsanlage bereits 60 Jahre!

So sah es 1990 vor dem Schulauer Fährhaus und Willkomm Höft aus.

Das Willkomm Höft als Modell im Legoland Deutschland (Günzburg), um 2004.

Die Aufnahme von 1930 zeigt die Wedeler Aue von der Elbe her.

Die Wedeler Aue an der Stocksbrücke bei tiefster Ebbe. Im Hintergrund das Wirtschaftsgebäude des Bauern Heinrich Röttger („Au-Röttger", Austraße 5), rechts davon das Städtische Alters- und Pflegeheim (s. S. 350). Die Aufnahme entstand 1968, als die Kanalisation „Hauptsammler West" verlegt wurde.

Die „Batavia", schwimmende Gaststätte und Theaterschiff, im Wedeler Hafen vor der Stocks-brücke. Die „Batavia" wird in Wedel seit 1977 betrieben und lag vorher in gleicher Eigenschaft auf der Elbe vor Bishorst. Wirt ist seitdem Hans Werner Grabau.

Der „Batavia"-Wirt und Sturmflutexperte Hans Werner Grabau auf seinem Theater-schiff – eine Institution in Wedel und weit darüber hinaus.

Bereits in den 1920er-Jahren gab es die Idee in Hamburg, einen Yachthafen zwischen der Wedeler Aue und dem Tonnenhafen zu bauen. Anfang der 1960er-Jahre wurde er Wirklichkeit. 1977 geht der Blick hier auf den Hamburger Yachthafen, der mit 2.000 Liegeplätzen der größte tideunabhängige Sportboothafen in Nordeuropa ist (siehe auch S. 127).

Im Februar 1933 lagen diese Minensucher im Tonnenhafen (1928 vom damaligen Wasserstraßenamt Hamburg gegründet) vor Schulau. In diesem Liegehafen und Bauhof Wedel wurden Fahrzeuge und schwimmendes Gerät untergebracht und gewartet und das Fahrwasser der Unterelbe wurde „betonnt".

Die Anfänge des Strandbades Wedel-Schulau gehen auf das Jahr 1909 zurück. Die Aufnahme vor 1945 zeigt den regen Badebetrieb, an dem auch viele Hamburger teilnahmen. 1943 wurde das Bad wegen der Planung eines U-Boothafens geschlossen, später völlig zerstört.

Gruppenaufnahme der Deutschen Lebensrettungsgesellschaft (DLRG), Ortsgruppe Wedel, um 1935. Links oben der langjährige verdienstvolle Leiter, Sparkassen-Obersekretär Friedrich Aschmotat, Riststraße, daneben Otto Mühlfenzl.

Auf dem Strandfest im Jahr 1935 wurden die Strandanzüge prämiert. Die Strandfeste waren in der Zeit vor dem Zweiten Weltkrieg die wohl größten sommerlichen Veranstaltungen der Region.

Das Städtische Strandbad nach der Instandsetzung 1949, von Norden gesehen (Anfahrt- bzw. Eingangsseite). In diesem Jahr wurde es der Öffentlichkeit wieder übergeben, 1950 offiziell als Volks- und Strandbad eröffnet. Der Eintritt betrug damals zehn Pfennige.

Die Strandbadgaststätte nach der Wiederherstellung von der Elbseite aus gesehen, Mai 1950.

Badebetrieb im städtischen Strandbad, Sommer 1950. Vielen galt es als „volkstümlichstes Bad der Unterelbe".

Reges Leben am Ufer des Strandbades, Juni 1950.

Im Sommer 1950 überwachten Bademeister S. Martini (mit Megaphon) und ein Mitglied der DLRG im Strandbad Wedel den Badebetrieb.

Bademeister S. Martini präsentierte sich im Sommer 1950 in seiner Tauchausrüstung.

Der 1908 beim Strandbad errichtete Bootsschuppen wurde 1956 abgerissen. Die Aufnahme entstand um 1951.

Badebetrieb im Strandbad nach Beseitigung aller Kriegsschäden. Aufnahme vom Sommer 1951. Im August 1958 musste das Baden in der Elbe wegen Verschmutzung allerdings verboten werden. Das bedeutete auch das Ende des Strandbades.

Am 18. Oktober 1936 hatte Wedel nach anhaltendem Nord-West-Sturm ein Hochwasser, wie
es seit 1916 nicht mehr verzeichnet worden war. Es herrschten Windstärken von 10–12. Der
untere Teil der Mühlenstraße war völlig überflutet. An „Pöhlsen's Gastwirtschaft" (Mühlenstraße) und „Heinsohn's Restaurant" an der Elbe wurden Wasserstandsmarken angebracht.
Auf dem Bild ist das „Efeuhaus" an der Mühlenstraße zu erkennen. Die Wasserfläche dehnte
sich bis zum Autal aus.

Sturmflut in Wedel am 16. Januar 1954. „Woge auf Woge bricht sich beim Nachmittagshoch-
wasser auf dem Gelände des Strandbades. (Blick auf die Ostseite des Bauhofes der Wasser-
straßenverwaltung)."

Während der Sturmflut 1954 bildeten Elbe und Schulauer Hafen eine einzige Wasserfläche, aus der nur die Streichpfähle der Hafenmolen herausragten.

Sturmflut am 16./17. Februar 1962. Die Hamburger Flutkatastrophe wirkte auch in Wedel, hier an der Mühlenstraße. Die Feuerwehr war im Dauereinsatz. Noch war die Straße nur unter Schwierigkeiten passierbar; sie blieb noch lange für den allgemeinen Verkehr gesperrt.

Sturmflut im Januar 1976. „Die tosenden Wasser vor dem Schulauer Fährhaus und dem Willkomm Höft", lautet die Bildunterschrift.

Zerstörungen vor dem Schulauer Fährhaus durch die Sturmflut im Januar 1976.

Der überschwemmte Schulauer Hafen im Jahr 1985.

Zur Einweihung des neu gestalteten Schulauer Hafens am 28. August 1988 hielt Bürgermeister Jörg Balack eine Ansprache. 2012 erhält der Hafen ein völlig neues Gesicht.

5

IMPRESSIONEN
AUS DER LUFT

Blick auf Wedel, 1935.

Der Schulauer Hafen im Jahr 1930. Links an der Elbe befindet sich das Strandbad. Deutlich zu sehen ist die Hafenstraße mit den Fabrikgebäuden.

Ein ähnlicher Blick aus der Luft auf den Schulauer Hafen, um 1960.

„Sonder-Industriegebiet" Hafenstraße, 1959 (vgl. S. 39).

Landungsbrücke mit Willkomm Höft, Schulauer Fährhaus/Elbstraße, Häusern am Elbhochufer, 1961.

Blick auf das 1927/28 erbaute ehemalige EWU (Electricitätswerk Unterelbe)-Kraftwerk Schulau, das später wiederholt erweitert wurde. In den 1950er-Jahren als unrentabel arbeitend stillgelegt, wurde das Werk durch ein wesentlich größeres und leistungsfähigeres Werk der HEW ersetzt, dem 1970 ein weiterer Abriss mit Neubau folgte. Diese Aufnahme entstand 1959.

Ein ähnlicher Blick bot sich in den 1960er-Jahren von Westen.

Ein Blick aus der Luft in die Gorch-Fock-Straße, Ende der 1950er-Jahre. Auf dem großen Parkplatz baute die Wohnungsbaugenossenschaft „Adlershorst" später Mietwohnungen (vgl. hierzu S. 26). Außerdem entstand dort der Neubau der Stadtsparkasse und des Altenheims „Cursana".

Blick am 15. Juni 1966 auf den Stadtkern von Schulau.

Die Aufnahme vom 9. Mai 1966 zeigt die Austraße, Heinrich-Gau-Heim, Markt und Zentrum von Wedel.

1965 geht der Blick auf den Betrieb des Traditionsunternehmens Gartenbau Schadendorff, Rosengarten. Dahinter ist der Sportplatz des TSV Wedel am Rosengarten zu sehen, rechts die Sporthalle.

Blick im Jahr 1975 auf den Hamburger Yachthafen (vgl. S. 110) und die Elbe.

Die Heimat entdecken!

Von Kiel bis Wien,
von Aachen bis Görlitz:
Entdecken Sie Alltagsgeschichten
aus Ihrer Heimatstadt!

Leben in der Großstadt …

Tauchen Sie ein in das quirlige Großstadtleben vergangener Tage. Spazieren Sie über breite Boulevards und stürzen Sie sich ins Nachtleben. Erkunden Sie ihre Stadt durch die Fensterscheiben einer Straßenbahn oder des ersten Käfers und bewundern Sie prächtig geschmückte Schaufenster.

... und ländliche Idylle

Wie sah das Leben in Ihrer Heimat aus, als die Bauern noch mit Pferden pflügten und jedes Dorf seinen eigenen Schmied hatte, jeder noch jeden kannte und das Leben sich zwischen Kirche, Wirtshaus und Wohnküche abspielte?

Erinnerungen an die Schulzeit …

Erinnern Sie sich noch an die Zeiten von Abakus und Schiefertafel, an Klassenausflüge oder den ersten Taschenrechner? Blicken Sie zurück auf große Klassen und gestrenge Schulmeister, entdecken Sie auf Klassenfotos Freunde und Bekannte von früher!

... und das Arbeitsleben

Entdecken Sie, wie sich das Arbeitsleben in den letzten hundert Jahren verändert hat. Werfen Sie einen Blick in Fabrikhallen, blicken Sie Handwerksmeistern bei ihrer Arbeit über die Schulter und erinnern Sie sich an den Einkauf im Tante-Emma-Laden.

Gesellige Stunden im Verein …

Fußballclub und Schützenverein, Musikkapelle und Gesellenverein: Schauen Sie zurück auf Volksfeste und Turniere, Chorproben oder Prunksitzungen. Erinnern Sie sich an schöne Stunden und das gesellschaftliche Leben in Ihrer Heimat.

... und im Familienkreis

Werfen Sie einen Blick in die Wohnzimmer vergangener Tage und entdecken Sie, wie sich zwischen schweren Eichenmöbeln, Nierentischen und Ikea-Regalen der Alltag verändert hat. Erleben Sie Familienfeiern und Weihnachtsfeste im Wandel der Jahrzehnte mit.

Alltagsgeschichte in historischen Fotos zu über 1000 Regionen, Städten und Gemeinden

Bestellen Sie jetzt
Ihr persönliches Exemplar auf

www.suttonverlag.de

Zeitfracht Medien GmbH
Ferdinand-Jühlke-Straße 7
99095 Erfurt, Deutschland
produktsicherheit@kolibri360.de

Druck:
CPI Druckdienstleistungen GmbH
im Auftrag der
Zeitfracht Medien GmbH
Ein Unternehmen der Zeitfracht - Gruppe
Ferdinand-Jühlke-Str. 7
99095 Erfurt